まんが 静岡 むかしばなし

おばけまたまた

たなかよしみ

もくじ

沼《ぬま》のばあさん

静岡市《しずおかし》の台所《だいどころ》
野菜《やさい》や魚《さかな》などの
大《おお》きな市場《いちば》
「流通《りゅうつう》センター」
「こども病院《びょういん》」や
「東病院《ひがしびょういん》」もある
このあたりは
むかしは大《おお》きな
沼《ぬま》だったんだ
今《いま》でも少《すこ》し
沼《ぬま》は残《のこ》っていて
ブラックバスの
釣《つ》り人《びと》が
集《あつ》まってるネ
そこを
「巴川《ともえがわ》」が
流《なが》れている
「巴《ともえ》」ってのは
こういうマークの
ことだけど
なんでこの川《かわ》が
巴川《ともえがわ》って
名前《なまえ》なのか
知《し》ってるかい？
知《し》らない？
あのね……
こんな不思議《ふしぎ》な
伝説《でんせつ》があるんだ

今《いま》から
六百年《ろっぴゃくねん》ぐらい前《まえ》
新田義貞《にったよしさだ》の弟《おとうと》
脇屋義助《わきやよしすけ》が
守護職《しゅごしょく》として
この地《ち》を
治《おさ》めていた

足利尊氏《あしかがたかうじ》の弟《おとうと》
直義《ただよし》の
ひきいる
二万余騎《にまんよき》と
ワワー
ワー
ワワー
手越河原《てこしがわら》で
大合戦《だいかっせん》となる！
このとき麻機《あさばた》の
岩崎時光《いわさきときみつ》が
五百余騎《ごひゃくよき》を
ひきいて義助《よしすけ》に
加勢《かせい》!!
オーッ
オーッ
ドドド
ドドド
義助《よしすけ》の軍《ぐん》が勝《か》ち
足利軍《あしかがぐん》は
鎌倉《かまくら》に退《しりぞ》いた
にげろォ〜
ひえ〜〜っ!

時光殿《ときみつどの》やみんなの力《ちから》を借《か》りていくさに勝利《しょうり》することができたっ！
この義助《よしすけ》心《こころ》から礼《れい》を言《い》うぞ
岩崎時光《いわさきときみつ》の屋敷《やしき》
お力《ちから》になれて光栄《こうえい》です
とにかくめでたいめでたい
こよいはわれらの勝利《しょうり》を祝《いわ》って飲《の》もうじゃないか

誰《だれ》だ……? あの美《うつく》しい娘《むすめ》は……

義助殿《よしすけどの》！姉《あね》の秋野《あきの》です
時光《ときみつ》の姉《あね》秋野《あきの》でございます
これは娘《むすめ》の小菊《こぎく》です
小菊《こぎく》です
小菊殿《こぎくどの》はおいくつになられるか？
十七《じゅうしち》になります
時光《ときみつ》の姉《あね》「秋野《あきの》」は瀬名《せな》の十郎忠本《じゅうろうただもと》の妻《つま》だった
その娘《むすめ》——十七歳《じゅうななさい》の「小菊《こぎく》」に義助《よしすけ》はひとめぼれし
二人《ふたり》は愛《あい》し合《あ》った

——ところが
出陣《しゅつじん》じゃっ！
パカッ
コッ
パカッ
鎌倉《かまくら》へ！出陣《しゅつじん》じゃっ!!
パカッ
義助《よしすけ》さま！
小菊《こぎく》……必《かなら》ず帰《かえ》る

世《よ》の中《なか》が乱《みだ》れ
義助《よしすけ》は鎌倉《かまくら》に
出陣《しゅつじん》したのだ
義助《よしすけ》さま……
それきり
義助《よしすけ》は帰《かえ》って
こなかった……
小菊《こぎく》は義助《よしすけ》を
想《おも》いながら
まちつづけ――
やがて
女《おんな》の子《こ》を生《う》んだ
女《おんな》の子《こ》は
「小《こ》よし」と
名付《なづ》けられた

しかし——
産後《さんご》の
肥立《ひだ》ちが悪《わる》く
小菊ーっ!
母《はは》の小菊《こぎく》は
小《こ》よしを生《う》んで
三日目《みっかめ》に
世《よ》を去《さ》った
それから間《ま》もなく
小菊《こぎく》の父《ちち》
瀬名十郎忠本《せなじゅうろうただもと》も
娘《むすめ》のあとを
追《お》うようにして
死《し》んでしまった
残《のこ》された秋野《あきの》は
一人《ひとり》で孫《まご》の
小《こ》よしを
育《そだ》てた
おーっ
よしよし!

やがて——
小《こ》よしは
母《はは》の小菊《こぎく》にも
負《ま》けないくらい
美《うつく》しい娘《むすめ》に
成長《せいちょう》した
小《こ》よしは
死《し》んだかあさまに
そっくりに
なったのう
観応二年《かんのうにねん》
秋野《あきの》六十歳《ろくじっさい》
小《こ》よしは十七歳《じゅうななさい》に
なっていた

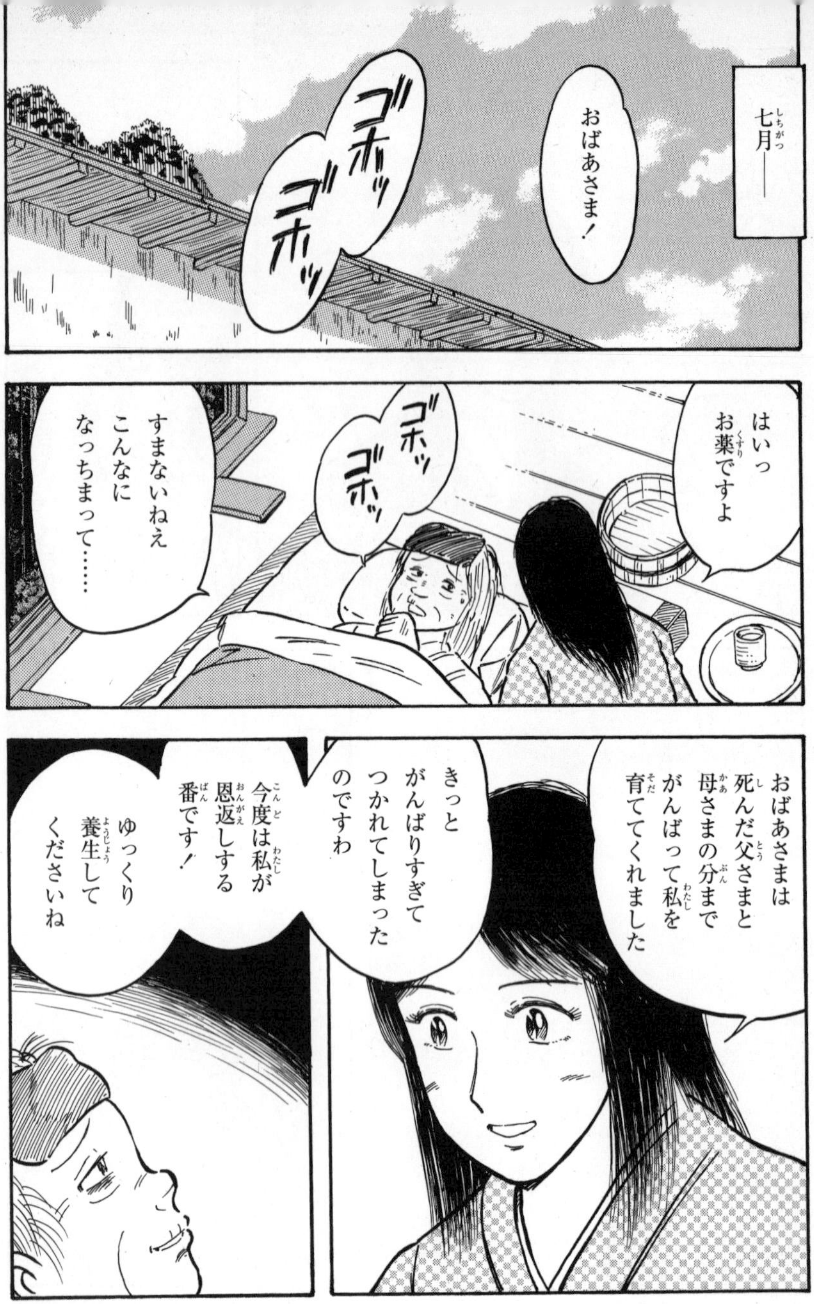
七月《しちがつ》――
おばあさま！
ゴホッ ゴホッ
はいっ お薬《くすり》ですよ
ゴホッ ゴホッ
すまないねえ こんなに なっちまって……
おばあさまは 死《し》んだ父《とう》さまと 母《かあ》さまの分《ぶん》まで がんばって私《わたし》を 育《そだ》ててくれました
きっと がんばりすぎて つかれてしまった のですわ
今度《こんど》は私《わたし》が 恩返《おんがえ》しする 番《ばん》です！
ゆっくり 養生《ようじょう》して くださいね

しかし秋野《あきの》の病状《びょうじょう》はなかなか良《よ》くはならなかった
おばあさまきっと良《よ》くなりますヨ
小《こ》よしさまがこんなに熱心《ねっしん》にお祈《いの》りしてるんですから
すまないね毎日毎日《まいにちまいにち》つきあわせてしまって……
なあに！村一番《むらいちばん》の美人《びじん》の小《こ》よしさまと毎朝《まいあさ》ご一緒《いっしょ》できてオラあ幸《しあわ》せです

小《こ》よしは日頃信仰《ひごろしんこう》する駿府《すんぷ》の浅間神社《せんげんじんじゃ》に毎朝夜明《まいあさよあ》け前《まえ》から下男一人《げなんひとり》を供《とも》に連《つ》れ
秋野《あきの》の快復《かいふく》を祈願《きがん》していた
小《こ》よしが住《す》む竜爪山《りゅうそうざん》のふもとから浅間神社《せんげんじんじゃ》へ行《ゆ》くためには川合《かわい》の渡《わた》しから渡《わた》し舟《ぶね》に乗《の》らねばならなかった
ギィーッ
ギィーッ

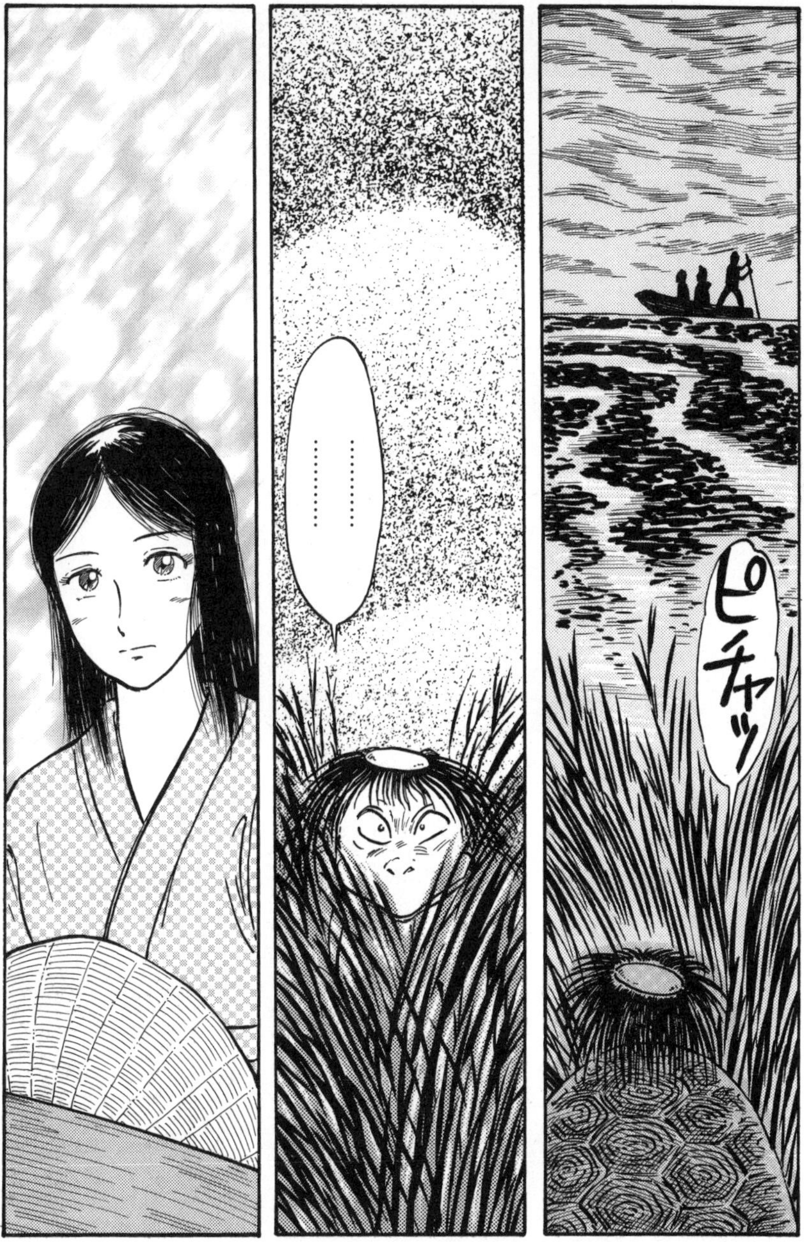
……
ピチャッ

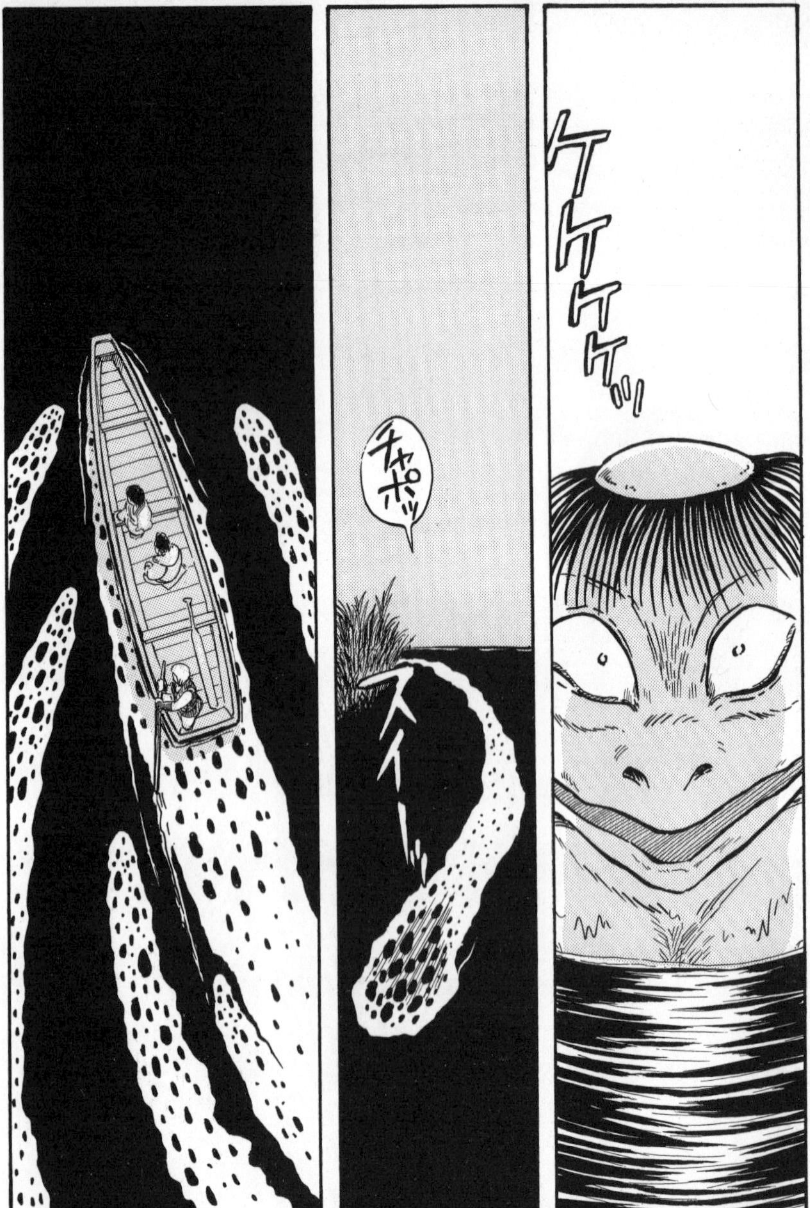
ケケケケッ
チャポッ
スイーッ

ン?
?
ペチャッ
うわあっ!

ザブブッ
ゴボッ

小《こ》よし
さまーっ!!

小《こ》よしさまーっ！
ばあさま!!
ばあさま!!
どうしたんじゃ？
そうぞうしい
ゴホッ
ゴホッ
ひぃ〜っ
大変《たいへん》じゃっ！
小《こ》よしさまが!!
小《こ》よしが
どうしたんじゃ？
ゴホッ
ゴホッ
河童《かっぱ》に……
河童《かっぱ》に
さらわれた!!

小《こ》よしさまは美《うつく》しいから河童《かっぱ》に魅入《みい》られたんじゃ
オーイ!
そっちはどうじゃ?
ダメだ!どこにも姿《すがた》はみえねえ
くそう!これだけ探《さが》しても見《み》つからないか
あっ!ばあさま!!
大丈夫《だいじょうぶ》だか!?

小《こ》よし……
キョロ
キョロ
小《こ》よしは？
みんなで川《かわ》じゅう探《さが》したんだが……
うあぁ──小《こ》よしっ!!
キョロ
キョロ
小《こ》よしぃ!!こっ…こっ…
ばあさま……
小《こ》よしィィ！

小《こ》よしーっ
ザブザブ
ザブザブ
ばあさまっ!!
ばあさまーっ!
なにするだーっ!!
あーーっ!
ばあさまーっ
よせーっ!!
あぶないーっ!
もどれ
ばあさまーっ
ザブザブ
ばあさまーーっ!
ばあさまの姿《すがた》は
そのまま
水《みず》の中《なか》に消《き》えた——

それから一年後《いちねんご》――
村人《むらびと》たちは二人《ふたり》を哀《あわ》れみ一周忌《いっしゅうき》に大勢《おおぜい》の僧《そう》をまねいて
大施餓鬼《おおせがき》の供養《くよう》をすることになった
ばあさま……くやしいだろうが安《やす》らかにねむってくだされ

どうしたんじゃ 急《きゅう》に空《そら》が！
なんじゃ？ この風《かぜ》は？
ああっ 見《み》ろ!!
沼《ぬま》がっ!!

ゴゴゴゴゴッ
ゴゴゴゴゴゴッ
!
ザザザザザザ
なんまんだぶ
なんまんだぶ
ひぃぃぃっ

竜神《りゅうじん》だっ!!
ばあさまが……
竜《りゅう》になった!!
ばあさまが
竜《りゅう》になって
河童《かっぱ》を
退治《たいじ》してるんじゃ!!

ものすごい戦《たたか》いだっ!!
見《み》ろっ! 川《かわ》の水《みず》が巴《ともえ》のうずを巻《ま》いているぞ!!
ゴオオオ
巴《ともえ》の川《かわ》だ!! 巴川《ともえがわ》だァ!
ばあさまがんばれ!!
ばあさま! 負《ま》けるな!!
あっ! 見《み》ろ!!

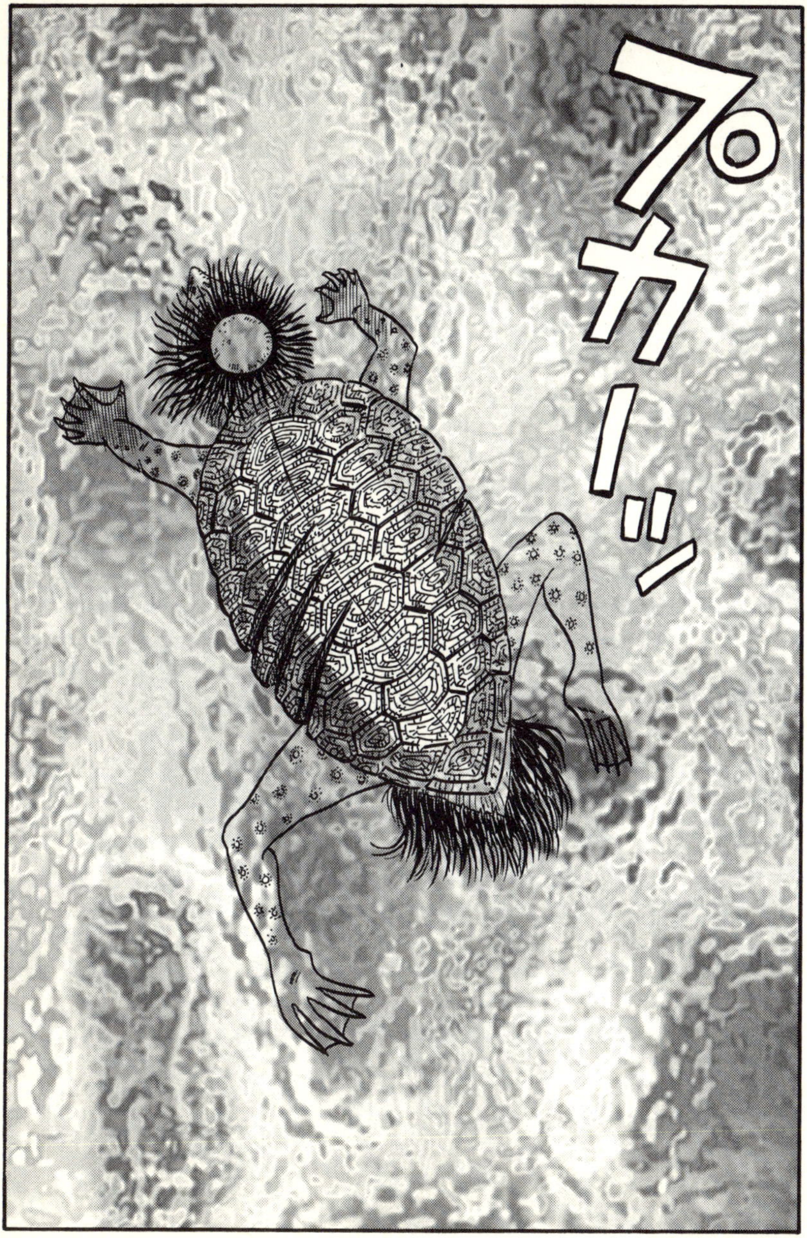
プカーッ

河童《かっぱ》だっ!
プカー
プカー
プカー
河童《かっぱ》が死《し》んでうかんできたぞ
勝《か》ったんだ!ばあさまが勝《か》ったんだ!!
オーーッ
やったあ
わあっ
オーーッ
わあっ
小《こ》よしさんのカタキをとったんだ
それからというものこの辺《あた》りでは水難《すいなん》が絶《た》え
法器草《ほうきぐさ》という霊草《れいそう》が生《は》え飢饉《ききん》から村人《むらびと》を助《たす》けたという

川《かわ》は巴川《ともえがわ》と
呼《よ》ばれるようになり
ばあさんは沼地《ぬまち》の
守護神《しゅごしん》となったのである
村人《むらびと》は沼《ぬま》のほとりに
社《やしろ》を建《た》て
ばあさんの霊《れい》を
おまつりし
大安寺《たいあんじ》に
その尊像《そんぞう》を安置《あんち》した
七年目《しちねんめ》ごとの
沼《ぬま》の神社《じんじゃ》の祭典《さいてん》は
いまなお盛大《せいだい》に
行《おこな》われている

竜《りゅう》に身《み》を変《か》えて悪《わる》い河童《かっぱ》をやっつける主人公《しゅじんこう》が、かよわいおばあさんだったというところが、この伝《でん》説《せつ》の人気《にんき》のひみつだね。似《に》たような話《はなし》で、浜岡町《はまおかちょう》の桜ケ池《さくらがいけ》もえらいお坊《ぼう》さんが竜《りゅう》になって池《いけ》の主《ぬし》になったと伝《つた》えられている。どちらも長野県《ながのけん》の諏訪湖《すわこ》をルーツにした話《はなし》で、仏教《ぶっきょう》を広《ひろ》めるための「コマーシャル伝説《でんせつ》」だったらしいよ。

ところで、普通《ふつう》の河童《かっぱ》はたいてい子供《こども》の「尻《しり》こだま（いったいなんのことだ？）」を取《と》るといわれるが、この沼《ぬま》のやつはなぜか牛肉《ぎゅうにく》が好《す》きだという変《か》わりダネだったらしい。それでこの沼《ぬま》で雨乞《あまご》いをするときは牛《うし》の頭《あたま》を沈《しず》めて祈《いの》ったのだそうだ。

だいだらぼっち

キミは身長《しんちょう》何《なん》センチ？
ボクはあんまり大《おお》きくない
大《おお》きいのはオナカだけ
おもちゃ売場
だから背《せ》の高《たか》い友《とも》だちがうらやましいときがある
はいョ！
あれとって
きっとボクとは見《み》える景色《けしき》がちがうんだろうなア……
ズシーン
ところで日本《にほん》には昔《むかし》「だいだらぼっち」っていう大男《おおおとこ》がいたらしい
ズシーン
名前くらいはきいたことあるでしょ？
ズシーン
ズシーン
この男《おとこ》の伝説《でんせつ》は日本各地《にほんかくち》に残《のこ》っていて静岡県《しずおかけん》にもたくさんの話《はなし》が伝《つた》わっている
今回《こんかい》はその中《なか》でも浜名湖周辺《はまなこしゅうへん》に伝《つた》わる話《はなし》をしてみよう
ズシーン
なんだ？この音《おと》は……
ズシーン！
………………

ズシーン
ズシーン
ズシーン
ズシーン
ズシーン
チッ
チッ
チッ
ズシーン
よっ
あっ
ズシーン
アイツが
きたな
ズシーン
ズシーン
ああ
まちがいねえ
アイツだ
ズシーン
ズシーン

ぬ
おーい！
だいだらぼっち
もうちょっと
静《しず》かに歩《ある》いて
くれんかのう
すまん
すまん
じゃっ
ズシン
…………
…………

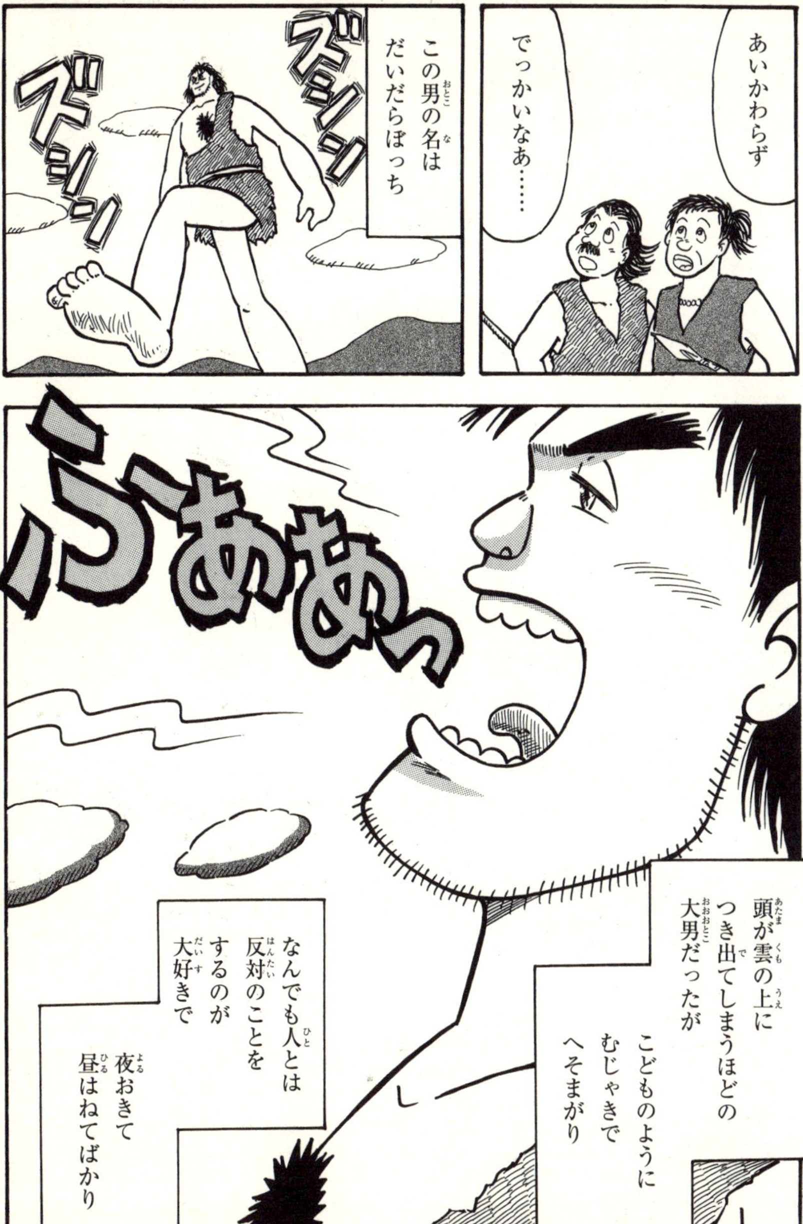
あいかわらず
でっかいなあ……
この男《おとこ》の名《な》は だいだらぼっち
ズシーン
ズシーン
ふああっ
頭《あたま》が雲《くも》の上《うえ》に つき出《で》てしまうほどの 大男《おおおとこ》だったが
こどものように むじゃきで へそまがり
なんでも人《ひと》とは 反対《はんたい》のことを するのが 大好《だいす》きで
夜《よる》おきて 昼《ひる》はねてばかり

ポリ ポリ
があ
じがあ
じがあ
でっけえ
イビキだなあ
まるで
カミナリだ
うるさいなァ
まああ
それよりも
見《み》なよ
きれいな
富士山《ふじさん》だあ
いつみても
富士山《ふじさん》は
美《うつく》しいなあ
んー!
…………

フン！なんだイ あんな山《やま》
オレより でかいツラ しやがって……
よーし！見《み》ていろ!! 富士山《ふじさん》よりも もっと高《たか》くて カッコイイ山《やま》を このオレが こしらえてやる！

日《ひ》がくれると
だいだらぼっちは
大《おお》きなすきで
土《つち》をほりおこし
大《おお》きなもっこに
土《つち》を入《い》れて
はこびだした
どしっ
どしっ
みんなを
おどろかせて
やるぞ！
へっへっ

ややっ！しまった もう夜《よ》が明《あ》ける
残《のこ》りはまた今夜《こんや》だ！
このとき なげだした土《つち》が いまでも千頭《せんず》の 郷平《ごうだいら》の村《むら》に ふたつの丘《おか》に なっている
つぎの夜《よる》――
ザックザック

今夜《こんや》こそすごい山《やま》を完成《かんせい》させて
みんなを驚《おどろ》かせてやるぞォ！
えっほ
えっほ
よっと！
がっがっ
どうだ！
へへへっ
ふうっ
のどがかわいちゃったな

だいだらぼっちは
大井川《おおいがわ》と
天竜川《てんりゅうがわ》を
見《み》くらべた
天竜川
大井川
どっちに
しようかな?
こっちに
すべえ
そう言《い》うと
大井川《おおいがわ》を
ひとまたぎ!
ごくごく
大井川《おおいがわ》の水《みず》を
のみほして
しまった!!
ぷはあ
んーめえ!

そのときの足《あし》あとが
大井川《おおいがわ》をはさむ遠州《えんしゅう》と駿河《するが》の山《やま》に残《のこ》っていて
どちらも「足窪《あしくぼ》」という地名《ちめい》になった
よっ ほっ
だいだらぼっちが土《つち》を運《はこ》んできたくぼ地《ち》に
海《うみ》から水《みず》がながれこんできて
ドドドド
湖《みずうみ》になった！
これが浜名湖《はまなこ》だ!!
よっ ほっ
見《み》てろよ！

そらよ！
へっへー！
ギザザザッ
どうだ？
そろそろ
富士山《ふじさん》を
追《お》い抜《ぬ》いたかな？
！

……
くそったれェー

おおおおおっ

だいだらぼっちは
富士山《ふじさん》にバカに
されたような
気《き》がしたんだ
ズザザ
むしゃくしゃして
湖《みずうみ》にむかって
けとばした土《つち》は
「大崎《おおさき》」になった
ザン!
ボチャン
ボチャン
くそう!
くそう!
こんどは
「村櫛《むらくし》」に
なった!

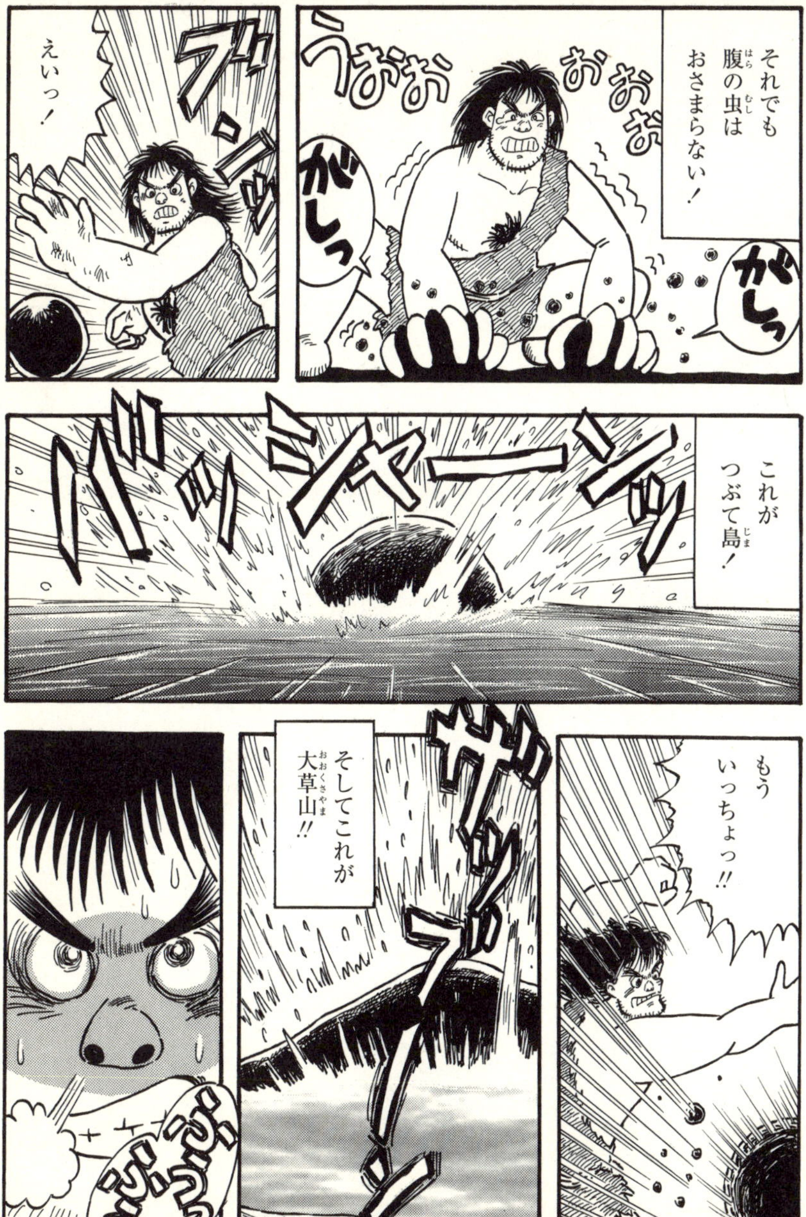
それでも腹《はら》の虫《むし》はおさまらない！
うおおおおお
がしっ
がしっ
えいっ！
バッシャーンッ
これがつぶて島《じま》！
もういっちょっ!!
そしてこれが大草山《おおくさやま》!!

わあっ!ちくしょう!!
どしっ
どしっ
バッカやろう!!
どしっ
どしっ
じだんだふんでくやしがったからあたりはまったいらになっちまった
どしっ
どしっ
どしっ
こうしてできた台地《だいち》が三方原《みかたがはら》!!
フンッ!こんな山《やま》!!失敗作《しっぱいさく》だっ!!
だいだらぼっちがつくった富士山《ふじさん》に負《ま》けたこの山《やま》は秋葉《あきは》の山《やま》だ!

このとき
だいだらぼっちが
あばれて
できたところは
こんなカンジ……
秋葉山《あきはさん》
三方原《みかたがはら》
天竜川《てんりゅうがわ》
大草山《おおくさやま》
つぶて島《じま》
浜名湖《はまなこ》
村櫛《むらくし》
ははっ
さてさて——
大《おお》あばれして
つかれたのか
はあっ
ズシーン
だいだらぼっちは
ひっくりかえって
ねむってしまった

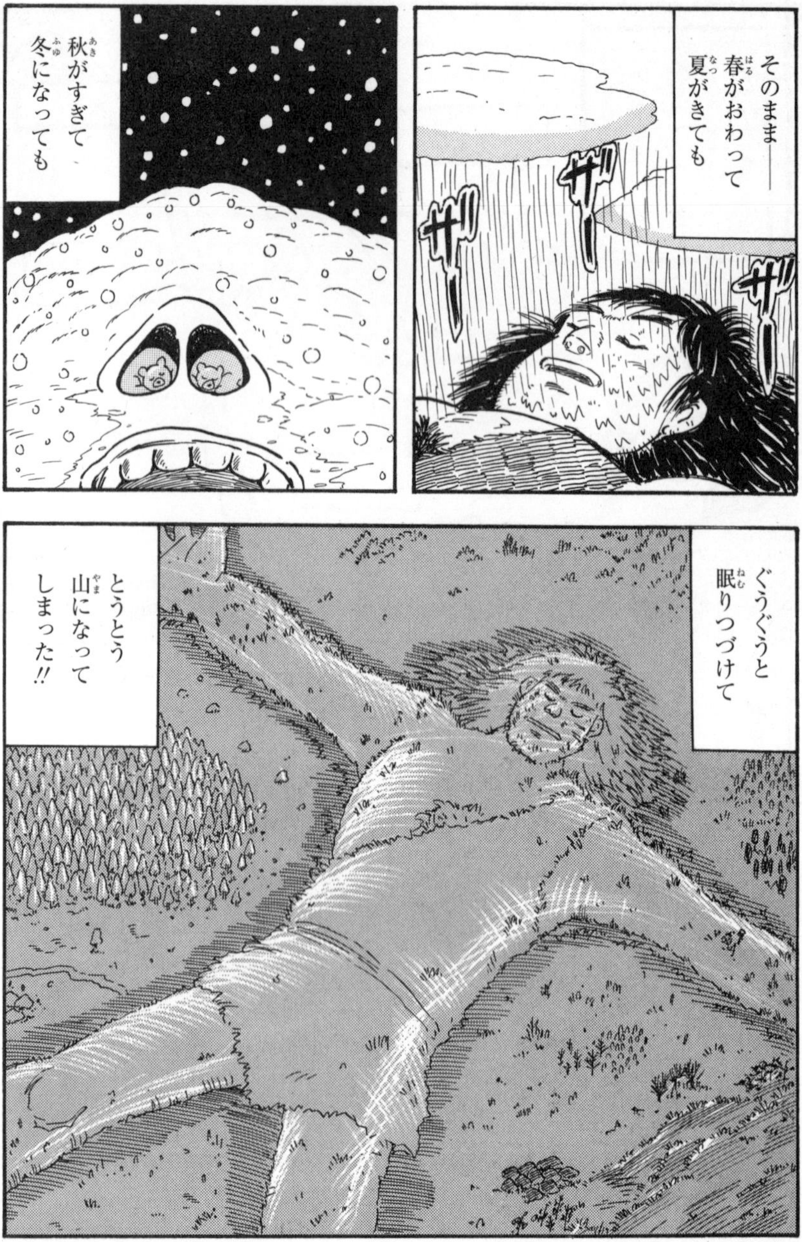
そのまま――
春《はる》がおわって
夏《なつ》がきても
ザー
ザー
ザー
秋《あき》がすぎて
冬《ふゆ》になっても
ぐうぐうと
眠《ねむ》りつづけて
とうとう
山《やま》になって
しまった!!

だいだらぼっちの
山《やま》はどこに
あるんだろう?
キミの家《いえ》の
近《ちか》くかも
しれないね

だいだらぼっちの「ぼっち」ってなんだ？　これはひとりぼっちの「ぼっち」とおんなじ、法師《ほうし》のことだそうだ。静岡市《しずおかし》の藁科川沿《わらしながわぞ》いに、そのものずばり「だいだらぼっち」という小山《こやま》がある。ハイキングの人気《にんき》スポットだから、登《のぼ》ったことのある読者《どくしゃ》も多《おお》いだろう。県内《けんない》には、雨降《あめふ》りのあとにできた大《おお》きな水《みず》たまりを「だいだらぼっちの小便《しょうべん》つぼ」なんてバッチイ名前《なまえ》で呼《よ》ぶところもある。

この大男《おおおとこ》、活動《かつどう》するのは夜《よる》が多《おお》くて、人間《にんげん》がニワトリの鳴《な》きまねをしたらあわてて逃《に》げたなんていう話《はなし》もあるから、けっこうおっちょこちょいだ。それにしても、いったいなにを食《た》べてたんだろうね。

婆ヶ原《ばんばがはら》のふるだぬき

むかし　むかし　遠州《えんしゅう》の比木《ひき》の原《はら》っぱに……
元気《げんき》な　ばあさんが　ひとりっきりで
そばの花《はな》は　かわいいなー
ばあさんは　家《いえ》のまわりを　たがやして　畑《はたけ》にして　そばを　つくって　くらしていた
わしは　そばもちが　大好物《だいこうぶつ》だでな

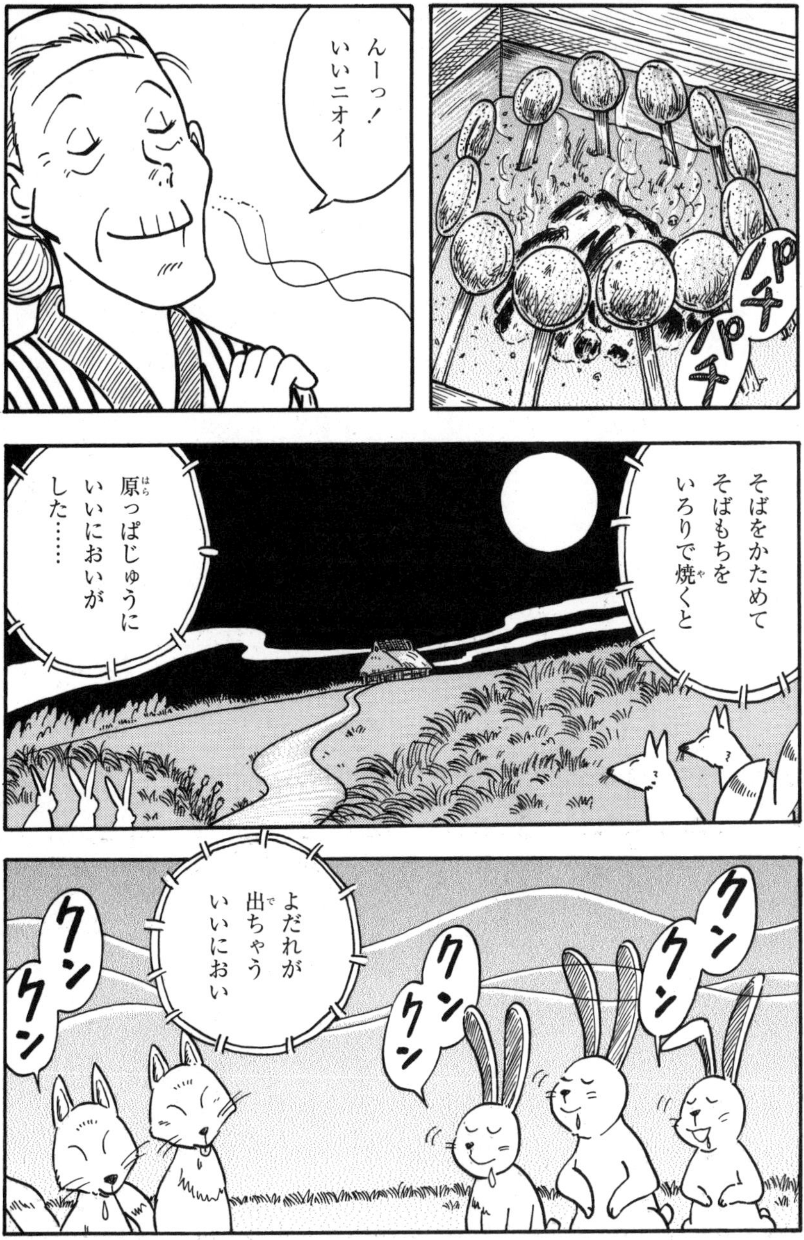
パチ
パチ
んーっ！
いいニオイ
そばをかためて
そばもちを
いろりで焼《や》くと
原《はら》っぱじゅうに
いいにおいが
した……
クンクンクン
クンクンクン
よだれが
出《で》ちゃう
いいにおい
クンクンクン

ぬっ
おーし！
そろそろ
焼《や》けたかな
パチ
パチ
こんばんは
はい？
だれだろ
こんな夜中《よなか》に？
にっ
はい
こんばんは

近《ちか》くをとおったらあんまりおいしそうなニオイがしたもんで
いやー
こりゃアそばもちのニオイだネ!
なんだ? 知《し》らないじいさんだな……
おいしいそばもちわしにも食《た》べさせてくれんかネ?
ずうずうしいじじいだな知《し》らない人《ひと》の家《いえ》にきていきなりそばもちをくれとは……
でもまア一人《ひとり》でたいくつしていたところだし……
こんなもんでいいなら食《た》べて――
じゃっ
ぴゅーっ!
あっ!
おじゃまするよ!

なんじゃー！
ずうずうしい!!
勝手《かって》に上《あ》がりこんで！
へんなじじいじゃなー
んーっ
クンクンクン
いいニオイ♡
じゃっいただくかの
ふうふう
あっあっ
……
がぶり
うんーまーいっ！
がつ
うまいっ
むしゃ
がつ
むしゃ
うまい
がつ
うまいっ

うわあ！ なんて きたならしい 食《た》べかただ！
ムシャムシャ
がつがつ
わしは山《やま》の むこうに住《す》ンどる もんだが
ひーっ くったくった
こんなうまいモンを 食《た》べたのは はじめてじゃ
そうかい そうかい
まあエンリョも しないで 何個モ食べて…！
ハラいっぱい 食《た》べると 変《へん》なじいさんは ぺちゃくちゃ 世間《せけん》ばなしを はじめた
ホントに変《へん》な じいさんじゃ
そう思《おも》いながらも ばあさんは 変《へん》なじいさんの 話《はなし》をきいていた
ぺちゃ くちゃ

んがあ〜
!

カドカドカドッ
ひイっ！
サッ
とっさにばあさんはもっていた火《ひ》ばしをつきだした
……
……
あわわっ

いやあ
ハラいっぱい
ごちそうさん
…………
変《へん》なじいさんは
なにかしようと
したのを
ごまかした
んじゃ
おやすみ
なさいヨ
また
くるで！
そうして
あわてて
…………
にげるように
帰《かえ》っていった
ぴゅーっ

ごまかされんぞ! あのジジイめ
あぶなかった!
たしかに わしに おそいかかって きた……
まてよ?
あのときの クサイ息《いき》の ニオイは……
ハァ ハァ
ありゃあ 人間《にんげん》じゃねえ!
ケダモノの においだ!!
さてはあの ジジイめ ムジナか タヌキが化《ば》けて いるんだな!
いかん! このままでは そばもちどころか わしまで食《く》われて しまうぞ
どうしたら いいんじゃ?
そうじゃ!!

なにか グッドアイデアが うかんだらしい
次《つぎ》の日《ひ》 ばあさんは 外《そと》に出《で》ると
きょろ
きょろ
あった あった これがいい
野球《やきゅう》のボール くらいの大《おお》きさの 石《いし》をひろった
次《つぎ》は……と
こんどは 板《いた》をけずって
なにかを つくりはじめた
シャッ
シャッ
シャッ
シャッ
よし!!
しゃもじ? なにを する気《き》だろう?

さっきの石《いし》は
いろりの
火《ひ》の中《なか》に
しゃもじは
火《ひ》ばしと
ならべて
灰《はい》にさした
パチ
パチ
これで
よし!
ふうっ
くるなら
こい!
古《ふる》ダヌキめ
——そして
夜《よる》がきた!!
こんばんは
きたな!!

いやー……どうしてもまた食《く》いたくなっちまってなアそばもち！
なはははっ
そばもちの次《つぎ》はわしを食《く》うつもりのくせにこの古《ふる》ダヌキが
さささっどうぞどうぞ
そばもちやけてるで
ごくり！
パチパチ

んーっ うまい うまい
ばふっ ばふっ
はふっ はふっ
くちゃ くちゃ
ホント 下品《げひん》な 食《た》べ方《かた》じゃ 古《ふる》ダヌキめ
じろり
はっ
いよいよ くるぞっ!

そばもちは
食《く》いあきたァ!!
今度《こんど》はお前《まえ》を
食《く》ってやるゥ
正体《しょうたい》を
あらわしたな
古《ふる》ダヌキ!!

いろりの中《なか》で
まっかに焼《や》けた
石《いし》をしゃもじで
すくうと
タヌキめがけて
なげつけた!!

STRIKE!
焼《や》けた石《いし》はタヌキのキンタマに命中《めいちゅう》!!
ぎゃあっ

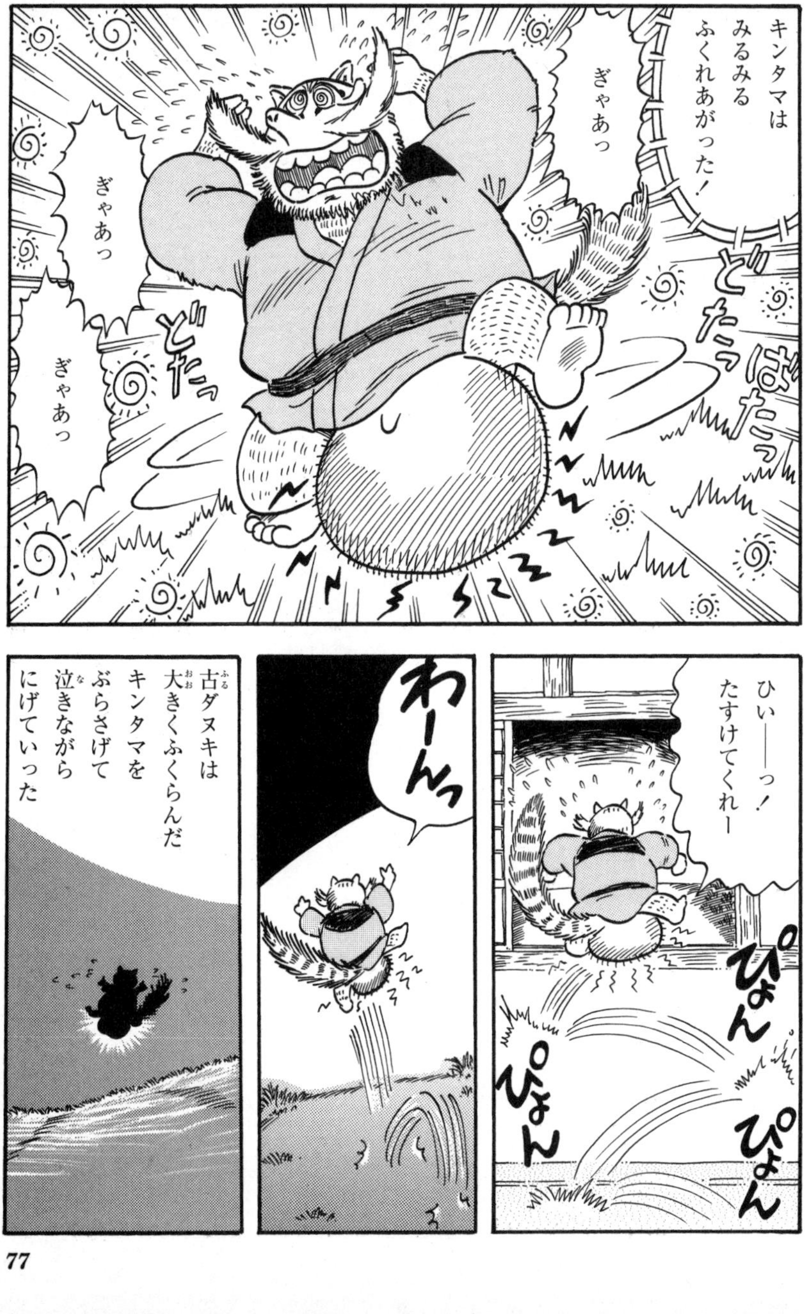
キンタマはみるみるふくれあがった!
ぎゃあっ
ぎゃあっ
ぎゃあっ
どたっ
ばたっ
どたっ
ひい――っ!たすけてくれー
ぴょん
ぴょん
ぴょん
ぴょん
わーんっ
古《ふる》ダヌキは大《おお》きくふくらんだキンタマをぶらさげて泣《な》きながらにげていった

はあっ
はあっ
はあっ
はあっ
ぷいっ
ぎゃはははっ
ぎゃははっ
ザマーミロ!
タヌキの
キンタマ
大《おお》キンタマ!!
今度《こんど》来《き》たら
タヌキ汁《じる》にして
食《く》ってやるでなーっ!
ばあさんの歌《うた》う
勝利《しょうり》の歌《うた》が
婆ケ原《ばんばがはら》に
こだまする!

タヌキのキンタマ
大ギンタマ!!
千《せん》畳《じょう》敷《じき》のオ
大ギンタマァ!!

しったかブリタニカ

だいたい同《おな》じ人間《にんげん》を化《ば》かす動物《どうぶつ》なのに、キツネはずるがしこくて、タヌキはちょっと間抜《まぬ》けでお人《ひと》よしに見《み》えるのはなぜなんだろう。猟師《りょうし》が鉄砲《てっぽう》でズドンとやると、当《あ》たってもいないのに、ショックで気《き》を失《うしな》ってしまうほど臆病《おくびょう》なんだそうだ。やがて気《き》がついてノコノコ逃《に》げだすことから「タヌキ寝入《ねい》り」という言葉《ことば》ができた。

いまでもいなかへ行《い》くと、よくタヌキの親子《おやこ》づれが庭《にわ》にやってきて、エサをやるとなついてしまう例《れい》も多《おお》い。だけど本当《ほんとう》は暴《あば》れん坊《ぼう》で、昔《むかし》はよくニワトリ小屋《ごや》の下《した》に大《おお》きな穴《あな》を掘《ほ》って、ニワトリを一晩《ひとばん》でたいらげるなんて荒業《あらわざ》をやってのけたりした。

とうふ屋《や》のじいさんと きつね

ある春《はる》の日《ひ》
金谷《かなや》のとうふ屋《や》かいさくじいさんの家《いえ》――
じいさん しっかり してくれ
元気《げんき》になって またじいさんの うまいとうふを 食《く》わせてくれよ
なに? なんだい じいさん
あ……
油揚《あぶらあ》げを キツネに……
ゴホッ

なに？油揚《あぶらあ》げ？——キツネがどうしたって？
あっ！
そういやあじいさんから聞《き》いたことがある
こんな話だ
じいさんは毎日《まいにち》とうふや油揚《あぶらあ》げをかついで
とうふィィ
あぶらあげ
とうふ〜
牧之原《まきのはら》のはしからはしまで売《う》り歩《ある》いていたけど
一日《いちにち》の商売《しょうばい》がおわって帰《かえ》り道《みち》
弘法坂《こうぼうざか》から大杉《おおすぎ》のあたりまでくるとあたりは真《ま》っ暗《くら》だ
あのあたりは淋《さび》しいからね
——でねあのあたりを通《とお》るとかついでいる荷《に》が急《きゅう》に重《おも》くなる
？

ところがそのうちまた軽《かる》くなって
家《いえ》に帰《かえ》ってオケをあけると売《う》れのこっているはずの油揚《あぶらあ》げがなくなっている
もしかしてキツネかい？
そうらしいね
はじめはくやしくて怒《おこ》っていたじいさんだが
だんだんキツネに情《じょう》がうつったんだな
最近《さいきん》じゃなんだかカワイクなってしまって
油揚《あぶらあ》げを全部《ぜんぶ》売《う》らずにキツネのために残《のこ》していたそうだ
へえーじいさんらしいや
まあじいさんも一人《ひとり》ぐらしで淋《さび》しかったんだろうよ

しかしそのまま
じいさんは
死《し》んでしまった
その
通夜《つや》の晩《ばん》

おい……だれだいあの美人《びじん》は？
ひそひそ
おまえ知《し》ってるか？
いんや
このあたりじゃ見《み》かけないな
あの……失礼《しつれい》ですがどちらさまで？
じいさまに毎晩《まいばん》ごちそうになっていたものでございます

そういって
だれも知《し》らない
その女《おんな》の人《ひと》は
帰《かえ》っていった
おい！
あの人《ひと》は……
ああ……
じいさんが
言《い》っていた……
油揚《あぶらあ》げの……

おじいさん
ありがとう

遠州《えんしゅう》あたりの伝説《でんせつ》のキツネは、なぜか人間《にんげん》を化《ば》かして丸坊主《まるぼうず》にしたり裸《はだか》にしたりすることが多《おお》い。「おれがこらしめてやる」と勇《いさ》んで出《で》かけた男《おとこ》も結局《けっきょく》してやられてしまう。それもなかなか手《て》がこんでいて、たとえば若《わか》い美女《びじょ》に化《ば》けて男《おとこ》とデートして、ヒステリーの奥《おく》さんに見《み》つかる。そこで仲裁《ちゅうさい》をお坊《ぼう》さんに頼《たの》んだら「よく反省《はんせい》して頭《あたま》を丸《まる》めなさい」というわけで結局男《けっきょくおとこ》は坊主《ぼうず》にされてしまう仕掛《しか》け。

人間《にんげん》というものは、いばったりうぬぼれたりしてはいけない。「裸《はだか》の自分《じぶん》」をよく見《み》つめて、神《かみ》さまや大自然《だいしぜん》を尊敬《そんけい》して生《い》きることが大切《たいせつ》だと、笑《わら》いを通《とお》して教《おし》えてくれているのに違《ちが》いない。

雷獣《らいじゅう》のおへそ

ピカッ
ゴロゴロ
ゴロ
遠江《とおとうみ》の国《くに》
佐野郡《さのぐん》の薗ケ谷村《そのがやむら》
——今《いま》の掛川市《かけがわし》に
印徳寺《いんとくじ》という
お寺《てら》があった
今《いま》から
四百年《よんひゃくねん》ぐらい前《まえ》
ピ
ひゃっ
カッ
ゴロゴロゴロゴロ
ドドン!
わっ

今《いま》のカミナリは近《ちか》くに落《お》ちたな
あっ
なんと！雷《かみなり》は寺《てら》の近《ちか》くの大《おお》きな杉《すぎ》の木《き》に落《お》ちたのだった！
パチパチ
杉《すぎ》の木《き》は真《ま》っ二《ぷた》つにさけていた!!
プスプス
ありゃあ何《なん》だッ!?

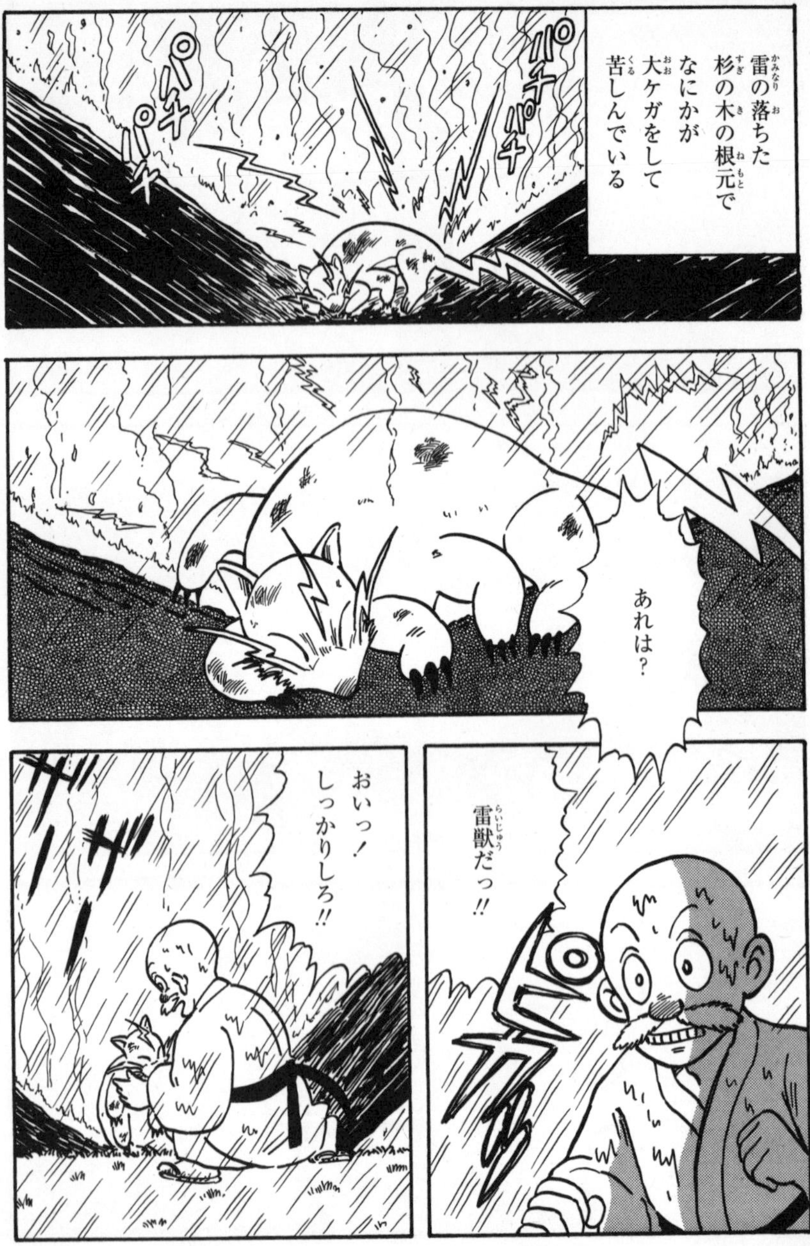
雷《かみなり》の落《お》ちた
杉《すぎ》の木《き》の根元《ねもと》で
なにかが
大《おお》ケガをして
苦《くる》しんでいる
パチパチ
パチパチ
あれは？
雷獣《らいじゅう》だっ!!
おいっ！
しっかりしろ!!
ザーザー

雷獣《らいじゅう》はひどいケガをしていた
おしょうさんは傷《きず》の手当《てあ》てをしてあげた

雷獣《らいじゅう》とは……ふだんはおとなしく猫《ねこ》のようだが雷《かみなり》がなると元気《げんき》になって空中《くうちゅう》に駆《か》け上《あ》がる
猫《ねこ》より大《おお》きく体《からだ》はネズミ色《いろ》で腹《はら》は白色《はくしょく》、足《あし》は六本《ろっぽん》、とうもろこしが大好物《だいこうぶつ》という、むかし栃木県《とちぎけん》では「雷狩《かみなりが》り」といって、雷獣《らいじゅう》を狩《か》っていたらしい

おしょうさんの手当《てあ》てのおかげで雷獣《らいじゅう》は元気《げんき》になった
おしょうさんありがとう

んっ?!
ポロリッ
お礼《れい》にこれをさしあげます
これはおまえの「おへそ」か?
はい

お百姓《ひゃくしょう》が日照《ひで》りで困《こま》ったときにそのおへそを出《だ》しておがむと
きっと雨《あめ》がふってきます！
ああ……
いってしまった……
雷獣《らいじゅう》のおへそ……
おしょうさんは「おへそ」を大切《たいせつ》に錫《しゃく》の茶筒《ちゃづつ》に入《い》れてお寺《てら》にしまっておいた

ある年《とし》——
日照《ひで》りがつづいて
お百姓《ひゃくしょう》が困《こま》っていた
このままじゃ
一粒《ひとつぶ》の米《こめ》も
とれないぞ
雨《あめ》がふって
くれればなあ
困《こま》ったのう……
おしょうさまの
お祈《いの》りも
おてんと様《さま》には
つうじねえか
はっ！
そうじゃっ!!
おしょうさんは
雷獣《らいじゅう》の言葉《ことば》を
思《おも》い出《だ》した！
え……と……
これこれ！
ごそ
ごそ

日照《ひで》りで困《こま》ったときにそのおへそを出《だ》しておがむと
きっと雨《あめ》がふってきます！
ほっ
チャポッ
よっ
チャポッ
おしょうさんはたらいに水《みず》を入《い》れておへそを浮《う》かべた
おしょうさまなんですかそりゃあ？
へそじゃ！
へそ？
そしてこの辺《あた》りで一番高《いちばんたか》い二本松《にほんまつ》のある山《やま》に登《のぼ》っていった
おしょうさまあ
ぞろぞろ
みんなついてきたのか

まかさった竜王大明神
雨をふらせたまえーっ
ドンドコ
ドンドコ
ドン
ドンドコ
まかさった竜王大明神ー
ドン
村人《むらびと》たちも鉦《かね》やたいこを打《う》ちならしておしょうさまと一緒《いっしょ》にお祈《いの》りをした
そして——三日目《みっかめ》

みろ！
雲《くも》が
出《で》てきたぞ!!
ああっ
雨《あめ》だア！
雨《あめ》が
ふってきたぞォ
やったあ！
雨《あめ》だあーっ

それからも
日照《ひで》りで
困《こま》ったときは
おへそを二本松《にほんまつ》の山《やま》に
もっていって
お祈《いの》りをすると
必《かなら》ず三日《みっか》くらいたって
雨《あめ》がふったという
村人《むらびと》たちは
雨《あま》ごいの時《とき》以外《いがい》は
「おへそを出《だ》して
見《み》てはいけない」
というおきてを
つくった
印徳寺《いんとくじ》は現在《げんざい》は
公民館《こうみんかん》になったが
「おへそ」は今《いま》でも
檜《ひのき》の厨子《ずし》に
かぎをかけて
大切《たいせつ》にしまってある
一番最近《いちばんさいきん》では
昭和《しょうわ》23年《ねん》に
日照《ひで》りがあり
「雨《あま》ごい」が
行《おこな》われたと
いわれている
その時《とき》見《み》た人《ひと》の
話《はなし》では――
「おへそは
さざえのふたの
ようなもので
金色《きんいろ》の毛《け》が
生《は》えていた」そうだ

雨《あま》ごいをしていた山《やま》はいつしか「おへそ山《やま》」と呼《よ》ばれるようになった
掛川《かけがわ》バイパスを掛川市街《かけがわしがい》から東《ひがし》に向《む》かい千羽《せんば》インターチェンジを北側《きたがわ》に下《お》りて左手《ひだりて》に進《すす》むと工業団地《こうぎょうだんち》に入《はい》る
その道《みち》を800メートルくらい進《すす》むと左手《ひだりて》にあるのが安養寺運動公園《あんようじうんどうこうえん》——公園《こうえん》の中《なか》に「おへそ山《やま》」はある
もし行《い》ったら……さがしてごらん! 雷獣《らいじゅう》のおへそにそっくりなものがきっとあるから……

「おへそ出《だ》してるとカミナリさまに取《と》られるよ」なんて言《い》いかた、実際《じっさい》に聞《き》いたことある? たぶんもう絶滅《ぜつめつ》したんじゃないだろうか。だいたい今《いま》どきクーラーのきいている部屋《へや》で、おへそ出《だ》してる子供《こども》なんかいないよね。「おへそ山《やま》」には今《いま》、でっかい石《いし》のおへそが飾《かざ》ってあるけど、これが雷獣《らいじゅう》のおへそとすると、全身《ぜんしん》ではゴジラ級《きゅう》の大《おお》きさだったことになる。

さて、この話《はなし》の舞台《ぶたい》となった掛川市《かけがわし》とか小笠郡《おがさぐん》などはむかし、水《みず》が少《すく》なくて苦労《くろう》していた。少《すこ》し古《ふる》い地図《ちず》を見《み》ると、いろんな場所《ばしょ》に小《ちい》さな池《いけ》が見《み》つかる。ほとんどが人工的《じんこうてき》につくられた「ため池《いけ》」で、水《みず》を大切《たいせつ》にした暮《く》らしの証拠《しょうこ》だね。

雨《あめ》ふりぼうず

昔《むかし》―― 掛川《かけがわ》の本郷《ほんごう》に 名主《なぬし》の 小沢八太夫《おざわはちたゆう》という 人《ひと》がいた
八太夫《はちたゆう》の屋敷《やしき》には 一本《いっぽん》の大《おお》きな 樫《かし》の木《き》があって
屋敷《やしき》は木《き》のかげに なって昼間《ひるま》でも 半分《はんぶん》しか陽《ひ》がささず 「日陰《ひかげ》の館《やかた》」と 呼《よ》ばれていた
まあそれも しかたが ない……
だんなさまは この木《き》を とても大切《たいせつ》に しているからな
この屋敷《やしき》の 下働《したばたら》きの 男《おとこ》である

だんなさまが
可愛《かわい》いがって
大事《だいじ》にするから
こんなにグングン
育《そだ》ったんだもんなあ
おっといけない
まき割《わ》りが
まだだった!
その夜《よる》――

雨《あめ》がなかなかやまないなー
シトシト
こんな夜《よる》の見回《みまわ》りはなんとなくいやなものだよ
はやいとこすませちゃおう
ピチャピチャ
火の用心ー
火の用心ー
火の用心ーっ
おや?

おかしいな？
灯篭《とうろう》のあかりがついている……
ワシ以外《いがい》のだれがつけたんだろう？
おかしいなあ？
その夜《よる》の見回《みまわ》りははやめに切《き》り上《あ》げた
それから男《おとこ》は日々《ひび》の忙《いそが》しさに追《お》われてそんな不思議《ふしぎ》なことを忘《わす》れてしまった
ところが……一《いっ》ヵ月後《げつご》の雨《あめ》の夜《よる》
ピチャ
ピチャ
男《おとこ》が見回《みまわ》りに出《で》ると灯篭《とうろう》にまたあかりがついている
あっ！

またた……
次《つぎ》の朝《あさ》……
知《し》らねえよう
オラじゃねえよ
おかしいこともあるもんだねえ
みんなに聞《き》いたんだが
だれひとり雨《あめ》ン中《なか》わざわざ火《ひ》を灯《とも》したモンなんていねえ
変《へん》だねえ
そういえばこのあいだも雨《あめ》の夜《よる》だった
よし！こんど雨《あめ》がふったらだれだか見《み》つけてやる！

それからまた二週間《にしゅうかん》たって——雨《あめ》がシトシトふる夜《よる》……
今夜《こんや》はいつもより早《はや》めに見回《みまわ》って
だれが火《ひ》をつけているのかみつけてやる!
だれだ?

この辺《へん》では
みかけない
子《こ》どもだが……

それから小坊主《こぼうず》は家《いえ》のすみずみを見《み》てまわった
よしっ
よしっ
見回《みまわ》っているのか?

そして
大《おお》きな樫《かし》の木《き》の
そばまでくると
フッ
ああっ

消《き》えた!!
翌朝《よくあさ》——
男《おとこ》はこの話《はなし》を
みんなにしたが
「大事《だいじ》に育《そだ》てられた
樫《かし》の木《き》が
小坊主《こぼうず》に姿《すがた》を変《か》えて
屋敷《やしき》を守《まも》って
くれているのだろう」
ということになった
それ以来《いらい》
八太夫《はちたゆう》の屋敷《やしき》では
雨《あめ》の夜《よる》の見回《みまわ》りは
しなくなったという

むかしの人《ひと》は大《おお》きな木《き》を見《み》ると、神様《かみさま》が宿《やど》っていると考《かんが》えたものらしい。確《たし》かに人間《にんげん》よりもずっと長《なが》生《い》きして、高《たか》いところから人々《ひとびと》がやることをじっと見《み》つめているわけだから、人間《にんげん》よりはるかに深《ふか》い知《ち》恵《え》がありそうだ。こんどでっかい木《き》を見《み》つけたら、幹《みき》に耳《みみ》を当《あ》ててみるといいよ。なんか声《こえ》が聞《き》こえるかもしれない。

この話《はなし》に出《で》てくる小沢《おざわ》さんの家《いえ》は、古《ふる》い書物《しょもつ》によると五百年《ごひゃくねん》も昔《むかし》から続《つづ》いた名家《めいか》だそうだ。明治《めいじ》になって広《ひろ》い屋敷《やしき》をそのまま小学校《しょうがっこう》にして、七《なな》つもあった蔵《くら》は物置《ものおき》に使《つか》ったらしい。昭和四十年《しょうわよんじゅうねん》ごろまでこの場所《ばしょ》には原谷小学校《はらのやしょうがっこう》があったんだそうだ。

怪力女房
かいりきにょうぼう

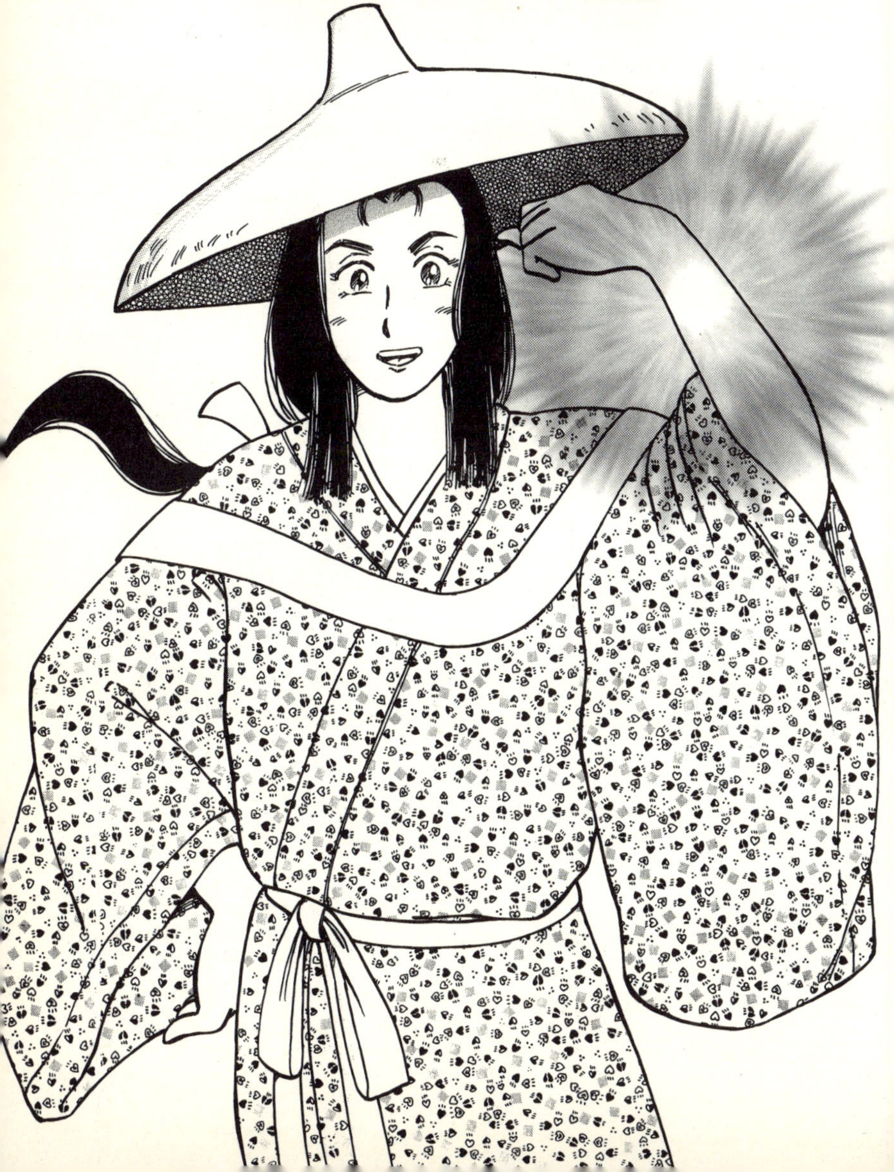

あじさいの名所《めいしょ》
下田《しもだ》の城山公園《しろやまこうえん》
むかし——
天正《てんしょう》のころには
ここに鵜島城《うじまじょう》
があった
お城《しろ》を守《まも》るのは
城主《じょうしゅ》の清水上野守《しみずこうずけのかみ》
をはじめ屈強《くっきょう》の
勇士《ゆうし》たち
しかしこの城《しろ》には
もっともっと——
本当《ほんとう》に
スゴイ人《ひと》がいた

いつ登《のぼ》っても この山道《やまみち》は キツイ……
なにを 情《なさ》けないことを！
こうして氏神様《うじがみさま》に 武運長久《ぶうんちょうきゅう》を 祈《いの》るのでしょう
それはわかって おりますが……
だったら 泣《な》きごと いわない！
さっ まいりましょう
氏神様《うじがみさま》は もうすぐですよ
奥方様《おくがたさま》は 汗《あせ》ひとつ かいてない
まけちゃう なァ……

わーっ きれい！
んーっ 生《い》き返《かえ》り ますねーっ
きもちいー！
ここらで 一休《ひとやす》み しましょう
あら？
モ゛ウーッ
モウーッ

なんでしょう?
牛《うし》の声《こえ》のようだが
あっ!
大変《たいへん》だっ!!
ガケの下《した》に牛《うし》が!!
すべり落《お》ちてあそこにひっかかったのね!
荷縄《になわ》が切《き》れれば谷底《たにぞこ》にまっさかさまだ!
モウーー

あっ！奥方《おくがた》さま!!
なにをなさるんです！
このままじゃあの牛《うし》死《し》んじゃうでしょ!!
まってて！今《いま》いくから！

奥方《おくがた》さまー！
大丈夫《だいじょうぶ》よ！
人《ひと》ひとり分《ぶん》だけ足場《あしば》があるの！
いい子《こ》だからねおとなしくしていて！
ん

やあっ!

えいっ!
こうして奥方《おくがた》は牛《うし》をたすけた!
奥方《おくがた》の怪力《かいりき》と鵜島城《うじまじょう》の評判《ひょうばん》は関八州《かんはっしゅう》にひびきわたったという

伊豆《いず》はもともと石材《せきざい》の産地《さんち》だった。山《やま》がたくさんあるし、港《みなと》が近《ちか》いから船《ふね》に乗《の》せて運《はこ》びやすかったんだ。城《しろ》の石垣《いしがき》にする石《いし》なんかも切《き》り出《だ》したから、その関係《かんけい》で力自慢《ちからじまん》が多《おお》かったろうし、力持《ちからも》ちにまつわる伝説《でんせつ》も残《のこ》ったんじゃないかな。

相撲《すもう》もむかしからさかんな土地《とち》だった。あだ討《う》ちで有名《ゆうめい》な曽我兄弟《そがきょうだい》のお父《とう》さん、河津祐泰《かわづすけやす》（いまの河《かわ》津町《づちょう》の武将《ぶしょう》）もなかなか力自慢《ちからじまん》だったらしい。大《おお》ずもうの決《き》まり手《て》に「かわづ掛《が》け」というのがあるけど、この人《ひと》が創始者《そうししゃ》だって知《し》ってた？ それから行《ぎょう》司《じ》として有名《ゆうめい》な「式守《しきもり》」という家《いえ》も、もともと伊豆《いず》の出身《しゅっしん》だよ。

あとがき

昔話《むかしばなし》をマンガにするときいちばん大変《たいへん》なのは「そんなの絵《え》になんないよ」という話《はなし》が多《おお》いことです。やたらスケールが大《おお》きかったり、絵《え》にするとつじつまが合《あ》わなかったり…

むかし藤子不二雄《ふじこふじお》先生《せんせい》が「原作《げんさく》をもらったら、一万匹《いちまんびき》の犬《いぬ》が来《き》たって書《か》いてあって困《こま》っちゃったよ」とおっしゃっていました。文章《ぶんしょう》や言葉《ことば》なら、十匹《じっぴき》も一億匹《いちおくひき》もひとことですが、マンガだとそれだけ描《か》かなきゃならない。浦島太郎《うらしまたろう》の歌《うた》にある「絵《え》にも描《か》けない美《うつく》しさ」なんていうのも困《こま》りものですよね。

この本《ほん》のなかでは「だいだらぼっち」がそんなお話《はなし》です。いったいこの男《おとこ》、どのくらい大《おお》きかったんだ？　場面《ばめん》ごとにどうしても大《おお》きさが変《か》わってしまいますが、笑《わら》ってゆるしてください。

「沼《ぬま》のばあさん」を描《か》くのは実《じつ》は二度目《にどめ》なんです。小学校《しょうがっこう》のころ「お話《はなし》の絵《え》」というイベントが年一回《ねんいっかい》ありました。講堂《こうどう》で先生《せんせい》の朗読《ろうどく》を聞《き》いてから、クラスに帰《かえ》って好《す》きな場面《ばめん》を絵《え》にするのです。五年《ごねん》か六年《ろくねん》のときのテーマが「沼《ぬま》のばあさん」でした。みんなは河童《かっぱ》や竜《りゅう》の絵《え》を描《か》いたのですが、へそ曲《ま》がりのぼくはなぜか「出征《しゅっせい》する夫《おっと》と見《み》つめあう小菊《こぎく》」いわゆるラブシーンを描《か》いてしまったのです。参観会《さんかんかい》のとき、教室《きょうしつ》の後《うし》ろにみんなの絵《え》がはられ、ぼくのオマセな絵《え》はお母《かあ》さんがたにやけにウケました。赤面《せきめん》していた母《はは》に、家《いえ》に帰《かえ》ってからしかられてしまいました。

今回《こんかい》はそのリベンジです。

たなかよしみ

たなか　よしみ

昭和38年1月28日静岡市生まれ。テレビアニメ「鉄腕アトム」誕生の年に生まれ、模型の街静岡で育つ。小学校低学年のとき石森章太郎「サイボーグ００９～地下帝国ヨミ編」に出会いマンガに目覚める。平成3年5月「ＦＲＥＡＫ！」（白夜書房）でデビュー。「われら４ＷＤフリーク！」（徳間書店）、「星の夜　花の岬で～奥石廊ユウスゲ」（南伊豆町）「鉄人チューナー列伝」（悠文社）ほか。

http://homepage.mac.com/tanaka443/
たなかよしみアーカイブス（仕事のカタログ）

http://www.geocities.co.jp/Playtown-Spade/7921/
たなかよしみのおもちゃ箱（趣味のホームページ）

まんが静岡むかしばなし
おばけまだまだ

2003年1月30日初版発売

著者●たなかよしみ
発行者●松井純
発行所●静岡新聞社
〒422-8033静岡市登呂3-1-1
電話054・284・1666
印刷製本●図書印刷

ISBN4-7838-0813-9